U0040074

Smile, please

smile 164

【跟一行禪師過日常】怎麼看
作者：一行禪師（Thich Nhat Hanh）
譯者：張怡沁
責任編輯：潘乃慧
封面設計、繪圖：王春子
校對：呂佳真
法律顧問：董安丹律師、顧慕堯律師
出版者：大塊文化出版股份有限公司
台北市105022南京東路四段25號11樓
www.locuspublishing.com
讀者服務專線：0800-006689
TEL：(02)87123898　FAX：(02)87123897
郵撥帳號：18955675　戶名：大塊文化出版股份有限公司
版權所有　翻印必究

總經銷：大和書報圖書股份有限公司
地址：新北市新莊區五工五路2號
TEL：(02) 89902588　FAX：(02) 22901658
初版一刷：2019年11月
初版十六刷：2024年7月

定價：新台幣160元
Printed in Taiwan

一行禪師

Thich Nhat Hanh

怎麼看

How to See

張怡沁　譯

目錄

觀看筆記

如果你是一位詩人，你會清楚地看到這頁紙
上浮著一朵雲。沒有雲，就沒有雨；沒有水，
樹木無法生長；沒有樹，無從造紙。所以雲
在這裡。這一頁的存在，來自雲的存在。
雲、紙是如此近。

水 的 映 照

高山湖泊的澄澈靜水映照著山脈、天空原初
的清亮。你也能如此映照。當你足夠平和沉
靜，就能如實地映照山脈、藍天和月亮。你
如其所是地映照你所見，無物扭曲。

感知的河流

我們每個人心中都有一條感知之河。感知升起，稍作停留，隨即消逝。心若不平靜，我們就無法看清楚。就像有風的湖面，看到的圖像是扭曲的。我們的感知常常出錯，讓自己受苦，也造成別人的痛苦。

深觀感知的本質、不過度相信什麼，是很有益的。太過確定，就會受苦。當我們問自己：「你確定嗎？」我們便有了機會再次觀看，以便知道自己的感知是否正確。

表相還是實相？

我們相信自己的感知完整無誤，但往往並非如此。Perception（感知、認知、想法）在漢語中是「想」，上半部是「相」，即外觀，下半部是「心」。當我們想到某事物，「心」裡便創造出它的影像——「相」，然而大都是虛妄不實的。我們很容易將心對某事物的影像及其實相混淆。不要過度相信自己的感知很重要。

蛇

想像你在黃昏時行走，看到一條蛇。你驚叫著跑回屋裡找朋友。所有人拿著手電筒到屋外。然而，當你用光照著蛇時，發現那根本不是蛇，而是一條繩子。將繩誤作蛇是一種錯誤的認知。正念幫助我們避免陷入錯誤的認知。

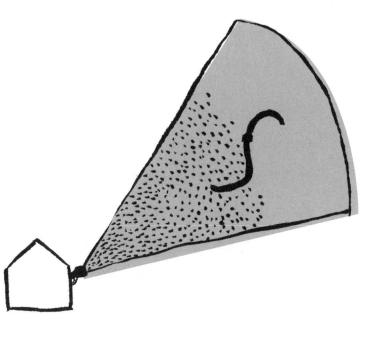

13

看到事物本質

全然覺察的修習即深觀,以便超越錯誤的感知,看到實相。將繩視作蛇,我們可能會嚇哭。恐懼的感受源自於錯誤的感知。我們的感知往往不準確,可能帶來強烈的感受與反應,從而導致很多不必要的痛苦。一旦我們看見自身恐懼的實相,恐懼便消失了。

感知的來源

感知的來源，也就是我們觀看的方式，來自我們的無意識。我們大部分的感知是錯誤的，帶著各種主觀偏見。我們讚美或責備，快樂還是抱怨，都取決於我們的感知。感知由很多方面構成，包括我們的渴求、憤怒和無明等苦惱，以及習氣和過往的經驗。快樂還是痛苦，在很大程度上取決於自己的感知。深觀自己的感知，識別它的來源，非常重要。

幸還是不幸？

一天，一位農夫下田，發現馬兒跑了。村民說：「噢，運氣真不好！」第二天，馬兒帶著另外兩匹馬回來，村民又說：「真好運呀！」後來，農夫的兒子從一匹馬上摔下來，摔斷了一條腿。村民表示同情：「好不幸啊。」不久，戰爭爆發，村裡的年輕人都被徵召，唯獨農夫的兒子因為斷腿未被徵召。村民又對農夫說，兒子斷腿是「幸事」。

　　任何事都不能單純判斷為幸或不幸、好或壞，正如這個古老的故事揭示的。你必須穿越所有時空瞭解事情的真實影響。每一次的成功都伴隨了一些困難，每次失敗也都有助

於提升智慧和未來的成功。每件事都有幸與不幸。幸或不幸、好與壞，都只是我們認知的概念。

茶中的雲朵

想像一朵雲轉化成雨。雨水能滋養很多樹木和植物。我們要能夠識別雲在各種植物和樹中的新形態。深觀雨、冰或雪，我們能看到雲朵。深觀你的茶，也可以看到雲。帶著正念喝茶，你知道你在喝著雲——多麼美妙！當孩子吃著冰淇淋，也在吃著雲。這是訓練我們以無相之眼觀看實相的方式；這意味著超越外觀、形象，觸碰究竟實相。如果你沒有無相之眼，你就無法識別茶、冰淇淋、雨和蔬菜中的雲。我們都可以訓練自己以無相之眼去觀看。

觀玫瑰

假使我們深觀一朵玫瑰。帶著念定，我們可以看到玫瑰來自非玫瑰的元素。我們從玫瑰中看到了什麼？我們看到一朵雲，因為沒有雲，就沒有雨；沒有雨，玫瑰無法生長。所以，深觀玫瑰可以看到雲是一個非玫瑰的元素。接下來，我們看到對玫瑰的生長至關重要的陽光。陽光是玫瑰的另一個非玫瑰元素。如果拿走陽光、雲朵，就沒有了玫瑰。繼續深觀，我們可以看到許多其他的非玫瑰元素，如礦物、土壤、農民、園丁等。整個宇宙匯聚、創造了我們稱之為玫瑰的奇蹟。玫瑰無法獨立存在，而是與整個宇宙相即地

存在。這是相即的智慧。看著玫瑰，如果我們能看到構成玫瑰的所有非玫瑰元素，就能觸及玫瑰的實相。不論我們看的是什麼，如果看得到它是由非自身的宇宙萬物所構成，即能觸及事物的實相——無自性。有一句禪宗格言：參禪之前，看山是山，看水是水；開始參禪，看山不是山，看水不是水；參禪一段時間，看山還是山，看水還是水。當我們看到相的無相本質，我們便看到事物的本來面目。

超越表象

萬物唯心造,也源自我們的觀看方式。妄想從表相而生。根據《金剛經》,「凡所有相,皆是虛妄。」換言之,有感知,便有虛妄。我們的修習是超越表相,更清晰地觀看。除非我們深觀現實,發現事物無常與相互依存的本性,否則我們會繼續執著於表相。當我們超越表相、概念和觀點,便觸及了究竟實相。我們需要超越表相看到本質。當我們不再因表相而生妄想,我們的感知便成為了洞見。

事物本身

當我們想到桌子，腦海中便會形成桌子的形象。但我們必須記得，我們的觀念並非事物本身（物自體）。它只是我們的感知，與實際的桌子截然不同。白蟻可能將桌子視作盛宴，物理學家則將其視作大量快速移動的粒子。我們愈修習深觀，我們的感知便愈準確。但它們仍舊是感知。

一切皆可能

二世紀的佛教論師龍樹菩薩說：「因為空性，一切成為可能。」空性是無我的另一種表述。當我們說事物是空的，是指它們沒有獨立的自我。無我和無常是現實的兩面。無常是從時間的層面看現實，無我則是從空間的層面。當我們深觀自己的恐懼，我們看到自己渴求恆常、害怕改變。但無常和無我並非消極的事物。無常指的是每一刻的轉化。因此我們說：「因為無常，一切成為可能。」

船

一位男子正划船逆流而上，突然看到另一條船向下朝他駛來。他喊道：「小心！」但船撞過來，幾乎撞沉了他的船。這位男子憤怒、咆哮，但近看卻發現那條船上空無一人，是自行順流而下。當我們感知有誤，就會帶來許多不必要的苦。我們深觀事物以理解它們的本性，這樣就會避免受到誤導和不必要的苦。

一切唯心

所有現象都是心的對象，不是客觀的現實。
當我們感知某事物，那件事物是我們意識的
對象。感知的獲得需要感知者和心的對象。
世界只是心的對象。當你看到一座山，那座
山是你心的對象、感知的對象，不是你意識
之外的獨立事物。通常我們認為，內在有一
個主觀意識延展到外部的現實世界。這是錯
誤的看法。我們必須明白，感知的主客體相
互依存、同時顯現。客體無法獨立於禪觀者
的心之外。

相關相連

有一天，當我在一棵樹前練氣功，我意識到樹贈予我很多，我也給了樹很多。樹為我提供了美麗、樹蔭和氧氣。我為樹木提供我的呼吸、感激和喜悅。樹與我相關相連。當我們看一個人時，也可以這種方式觀看，不誇大在那裡或想像不在那裡的東西或元素。有時，我們會過度期待，美化我們的所見。如果我們不加誇張和想像地如實觀看現實，便能減少痛苦。

混淆表相與實相

我們很容易將內心的影像與現實混淆。將感知誤作現實的過程很微妙,以致很難覺察它正在發生。修習正念能避免這種混淆。

我來自中間

一九六六年在費城的一次和平集會上，一位記者問我：「你來自北越還是南越？」如果我說來自北方，他會將我視作親共人士；如果我說來自南方，他會認為我親美。所以我告訴他：「我來自中間。」我想幫助他放下自己的概念、感知，得遇面前的實相。這是禪的語言。

觸碰和平

修習正念呼吸、靜坐和行禪，訓練我們培養安穩、平靜的能量。當我們觸碰內在的和平，一切都變得真實。我們全面回歸自己，完全在當下，而樹木、花兒、我們的孩子與所愛之人，全然向我們顯現其光輝。

超越觀點

相對來說，有正見與邪見，但深觀會發現所有見解都是錯誤的。任何見解都從一個點出發，所以我們稱之為觀點。換一個角度就有了不同的視角，看到事物的不同面向，然後意識到最初的觀點並非完全準確。我們應該繼續擴展理解的邊界，否則會被囚禁於我們的見解之內。舉例來說，如果我們移除對恆常的觀念，我們還是受困於無常的觀念。我們需要從兩種觀念中解放。所以我們說，正見意味著移除一切觀念，包括無常、無我與相即。

念與定

正念是覺知的能力，對內在和周圍保持不評判的覺察，幫助我們全然活在此時此地，這是幸福的根基。有了正念，我們享受當下——生命唯一觸手可及的時刻。正念生定，讓我們更深刻、清晰地觀看，停止成為錯誤觀念的受害者，從而減少自己和他人的痛苦。我們開始品嘗活著的喜悅，也幫助他人享受生活。我們不能強迫他人修習正念，但如果我們修習正念並因此成為更快樂的人，我們就能鼓舞他人修習。

止觀

深觀的方法是停下所做之事，真正專注於你所觀察的事物。禪修不是迴避問題或逃避困難。我們修習是為了擁有足夠的力量，有效地直接面對問題，因此必須做到平靜、清新、穩固。這就是為什麼我們要修習止的藝術。當我們學會止，就會變得更平靜，心更清明。坐著隨順呼吸，哪怕是幾分鐘也很好。止讓身心合一，回到此時此地。停下你手上所做的事，平復不安的思緒，你自然變得安穩專注，從而更清晰地觀看一切。

蘋果汁禪

一天，四個孩子在我法國的靜修處芳雲庵外面玩耍。我照料的四歲女孩清水也在其中。孩子們口渴，我便給他們每人一杯含果肉的鮮榨蘋果汁。清水不喜歡看上去渾濁的果汁，拒絕飲用。她跑出去玩耍，不久後回來要水喝。她看到果肉沉澱後，果汁現在看起來清澈可口，於是問：「這是相同的還是不同的果汁？它像你一樣在禪修嗎？」我笑道：「更貼切地說，我坐禪時在模仿蘋果汁。」如果你知道如何安坐，隨著入息和出息，一段時間後你會感到安詳、清明，就像蘋果汁。當我們專注於呼吸，心便能安住。

一旦慣性思維和擔憂平息了，我們看人與境況時會更加清晰。當我們安定，洞見便有機會升起。

從夢裡醒來

明白夢並非真實是很容易的。當我們醒著時，卻不容易看到什麼是真的。我們相信的外部現實可能只是心的建構。我們以為自己醒著，但其實繼續做著夢。多數時間，我們都在夢遊。譬如智性上，我們知道事物的無常流變，但生活上彷彿身體是恆常的，永不壞滅。儘管我們能理解一個獨立分別的「我」是錯誤的感知，但大多數思想仍是透過一個獨立的我看事物，以獲取一定的安全感。實際上，這根植於錯誤的感知。很多哲學家、科學家和靈性導師都在尋求究竟的真理，因為他們不相信自己的感知。他們感覺

自己醒著，卻又活在夢裡。我們都能從夢裡醒來，因為我們都有正念的種子。

花時間深觀

禪修不是逃避生活,而是花時間深觀自己或處境,以瞭解真正發生的事物。禪修是照料身心的機會,很重要。讓自己有時間平復思緒,坐著、步行、呼吸──不做任何事,只是回到自己和周遭,給自己時間釋放身心的緊張。當我們平靜安詳,就有時間深觀自己及所處的狀態。身心平和,就更能看清情況,見解也不再被遮蔽或扭曲。

觸碰無常

我們都有過這樣的經驗：閱讀時，以為自己已理解所讀的內容，重讀或回顧時才發現自己並未完全消化、理解。深觀也是如此。我們認為很容易看到花的無常，知道它的美很快消逝，隨即枯萎、凋謝。理智上，我們接受花的無常，但是要真正觸及無常並非透過智性。我們要深深地觸碰無常性，以超越對無常的觀念。念定是讓我們深觀萬物本性、帶來智慧的力量。

觀察轉化

孩子可能認為自己與母親截然不同，但她實際上是母親的延續，她就是她母親。我們可以訓練自己超越慣性的理解，以認知實相。看著一株玉米幼稈，起初你看不到賦予植物生命的玉米種子；深看，你便看到種子的新形象──玉米稈。超越同異的觀念，我們看到了實相。這樣觀察是一種深刻的修習。

放下

我們大部分的感受與情緒來自狹隘的認知和不完整的理解。我們觀看、傾聽、反應和評判的方式，讓自己和愛的人受苦。我們無法放下自己對苦與樂的觀點，儘管我們知道放下它們，身心會更快樂、安詳，痛苦的感受與情緒也不再有升起的基礎。我們多半認為，如果放下就會失去讓我們快樂的東西。實則相反，放下愈多，我們愈快樂。放下並非意味放下一切。我們不放下現實，而是對現實的錯誤觀念與認知。

正見

「見」是基於我們的感知理解世界的方式。正見超越二元思維，是對真實生命活潑的洞見，也是八正道之首，是所有正思維、正語、正業的基礎。沒有正見，我們的所思、所言、所行會因為不善巧而導致更多的痛苦。八正道彼此相關而相互滋養，例如正思維和正語的基礎是正見，同時又滋養正見。我們與身邊人的幸福取決於正見的程度。每日修習正念，我們滋養了正見的種子。

識別種子

心的所有潛在狀態，以種子的形式儲存於心的無意識中（藏識）。修習正念幫助我們識別所有的種子，澆灌那些美善的種子。當一個人靠近我們，我們可能感到厭惡；當另一個人走過，我們可能立刻被吸引。他們身上的某種東西觸碰了我們內在的種子。如果我們深愛母親，想到父親卻感到緊張，這無形中會影響我們回應他人的方式。如此，我們可以識別自己內在的種子——對母親的愛的種子，以及面對父親時受傷的種子。當我們覺知藏識中的種子，就不會對自己或他人的行為感到意外。

所有種子都在我們之內

我們都能識別意識深處的善種與不善種。我們內在有各式種子，含納所有可能的不同感受、想法與認知。如果你很忠誠，是因為你內在有忠誠的種子，但不要認為你沒有背叛的種子。如果你生活在忠誠的種子得以充分澆灌的環境中，你會成為一個忠誠的人。如果你背叛的種子被澆灌，你甚至會背叛你所愛之人。

澆灌善種子

有時，看到孩子做著我們知道會帶給他們痛苦的事情，我們會試著告訴他們，但他們不會聽取。我們所能做的是澆灌他們正見的種子，在之後的困難時刻，他們就能從我們的引導中受益。我們無法向從未品嘗過芒果的人解釋芒果。不論我們形容得多好，都無法給他人直接的體驗；他們需要自己去品嘗。一旦我們說了什麼，他們就會被困住。正見無法被描述。我們只能指出正確的方向。正見甚至不能由老師傳授。老師只能幫助我們識別已在花園中的正見種子，幫助我們樹立修習的信心，將種子交付給日常生活的土

壤。但我們是園丁，要學習如何灌溉自己內在的善種，讓它們開出正見之花。澆灌善種的工具便是正念生活——正念呼吸、正念步行，每一刻都活在正念之中。

智慧的種子

智慧的種子在我們之內，只是被無明、悲傷和失望遮蔽了。修習正念時，我們看到每個人身上覺醒的種子，包括我們自己。在學習、沉思與深觀的過程，我們的見解愈發明智。當我們修習正念生活，正見會開花。有了正見，我們能看到出路，而這種真實的體驗，讓我們擁有信心和能量。如果行禪後感覺更好，我們便有了繼續修習的決心。當我們發現行禪也給他人帶來平靜，我們就對這項修習更有信心。有了耐心，便會發現生活周遭的喜悅。

相信我們的認知

一天，一位年輕鰥夫回家時發現房子燒毀，五歲的兒子不見了。附近有具燒焦的孩童屍體，他相信是自己的兒子，悲痛欲絕。孩子火化後，他將骨灰放入袋中掛在脖子上，日夜帶著。但他的兒子並沒有死，而是被土匪帶走了。一天他逃出來，回到父親的新房子時已經很晚，他敲了敲門。父親問：「是誰？」「是我，你的兒子。」「不可能，我兒子已經死了。」父親堅持自己相信的，並沒有開門。男孩最後不得不離開，父親永遠失去了自己的兒子。

當我們將某事當作究竟真理，就無法對新

的觀念敞開心房。即使真理來敲門，我們也不會讓它進來。我們應該保持開放，讓真理有機會進入。錯誤的認知可能代價很大，帶來懷疑、恐懼、憤怒、仇恨和絕望，也導致根植於錯誤認知的行為。當錯誤認知被移除，懷疑、恐懼、憤怒、仇恨和絕望也被移除，幸福再次成為可能。當兩個人之間發生衝突，我們應該停下來質疑自己的認知。透過修習良好的溝通、悉心聆聽和愛語，我們幫助彼此移除錯誤的認知。這也適用於團體和國家之間的衝突。

痛苦的種子

深觀一朵花，我們看到非花的元素幫助它顯化——雲朵、大地、園丁和土壤。深觀自己的痛苦，我們看到痛苦不僅是自己的，也來自很多非自身的元素。很多痛苦的種子來自我們的祖先、父母和社會。覺知痛苦的種子是轉化痛苦的第一步。

你確定嗎？

我們很確信自己對現實的認知無誤。我們可能認為某人討厭我們或是想傷害我們，但這也許只是心的產物。相信自己的認知即現實，依據這種信條行動可能非常危險。錯誤的認知造成無窮盡的問題。我們的痛苦也來自於不能如實地識別事物。我們應謙卑地問：「我確定嗎？」然後給自己時間和空間讓認知更深刻、清明。在當今的醫學領域，內科醫生和醫護人員會相互提醒不要過度相信某事。即使認為自己很確定了，他們仍會相互敦促：「再確認一下。」我們也可以這樣做。

看到自己的優缺點

深觀自己，可能會覺察到自己身上繼承自父母、祖先的優點。你是他們的延續，他們將這些傳給了你。這些優點不只是你的。我們無需驕傲。父母、祖先和社會也將恐懼、憤怒和分別心傳給了你。我們無需評判。父母和祖先無法轉化自身的所有不足，所以也將他們的困難傳給了你。現在你有機會轉化，不再將其傳給你的孩子。這般觀看自己和他人的方式，帶來理解、慈悲與轉化的渴望。

以他人為鏡

家人和朋友就像鏡子。修習謙遜、開放,我們能透過善用身邊的鏡子獲得進步。直接面對自己的弱點,找到解決的方法,我們會感到清明。觀察自己的特定舉止時,可以尋求支持:「親愛的朋友、兄弟、姐妹,請幫助我。當你看到我的行為不體貼善巧時,請告訴我。」當我們像這樣尋求支持,家人和朋友會對我們生出很大的尊重與愛,無形中也被鼓舞這樣做。

理解苦

我們不應試圖逃避痛苦。擁抱痛苦，深觀它。有了深觀，理解便會升起，慈悲也隨之而生。理解了自己的傷痛，就很容易理解他人的傷痛。只要理解我們內在苦的本性，理解身邊人苦的本性，也會容易許多。在一個如此聚焦於科技和物質財富的文明中，很少有慈悲的空間。然而，是理解與慈悲讓幸福成為可能。

自己的責任

深觀自己的痛苦，我們可以自問這份痛苦是
如何導致。這不是說痛苦不真實，而是我們
有能力減輕、甚至轉化它，而不是繼續增
加。與別人發生衝突時，我們也應深觀自己
是如何造成這樣的困境。我們負有部分責
任。我們也可以問自己：「我從哪些方面造
成了這種局面？」這是能帶來療癒與和解的
深入觀看。

不責備

種植檸檬樹時，我們會希望它富有生機而美麗。如果樹未茁壯成長，我們不會責怪它，而是觀察，進而瞭解沒有長好的原因。也許是我們未照料好它。我們知道責怪一棵檸檬樹是很奇怪的事。然而，當人沒有成長好時，我們卻會責怪他們。人與檸檬樹並無大不同。如果悉心照料，他們會健康地成長。責備無益。

和解

當我們對別人生氣時，是因為自己感覺受傷。我們看不到構成那個人的許多元素，也意識不到對方的行為可能沿襲了祖先的習氣。一旦看到，就可以更容易接受對方。這在自己身上同樣成立。如果看到自己內在傳承自父母、祖先和環境的所有元素，就能放下很多自我批判，也停止批判他人。我們明白：「啊，這是我內在的父親在評判我的朋友。」祖先每天都在我們身上延續著。有了這樣的理解，即能找到辦法解除與他人的困境並和解。

單方面和解

我們常常陷入過往痛苦的影像，從而發展出錯誤的認知，反應方式也帶來更多的痛苦。我們生氣，是因為相信別人想讓我們受苦。這樣的認知帶來憤怒，因而我們的行為讓所有相關的人更痛苦。反之，我們可以透過正念呼吸和步行來平復自己，培養覺知和智慧。吸氣、呼氣，就能發現痛苦和錯誤的認知存在我們和他人之內。有了這樣的洞見，療癒便開始了。和解可以是單方面的。你的理解會影響他人，即使他們還不知道如何識別和處理自己的痛苦。

洞見能夠排解

憤怒是一種有機、有生命的東西,愛也是如此。如果懂得如何處理憤怒,它就會轉變成愛,有如知道如何處理堆肥,就可以將其轉化為美麗的玫瑰。垃圾是負面還是積極的?如果我們懂得如何處理,它就是積極的。憤怒也是如此,我們無需擺脫它。如果能看到別人的痛苦,理解對方的處境,就有另外的觀看方式,慈悲生起,從而轉化憤怒,我們不再想懲罰對方。因為這樣的洞見,我們能修正錯誤的看法,脫離憤怒、恐懼和絕望,生起慈悲與幫助他人的意願。

寬恕

當你看到導致他人行為的所有原因，自然會生出諒解。你不能強迫自己原諒。只有真正理解對方如此行事的緣由，才能生起慈悲並原諒對方。隨後，寬恕與釋懷自然到來。寬恕是覺知和智慧的果實，真正看到別人並理解其痛苦的結果。理解他人的難題與痛苦，就能接納，甚至愛那個人本來的樣子。

此有故彼有

理解相即的本質就是看到「此有故彼有」。
一切因緣而生。要有母親，必須有孩子；有
孩子，必然有母親。我們只能以相關相連的
方式存在。這樣的洞見讓我們看得更清晰，
也更有效。此有故彼有，此無故彼無。這是
相即的洞見。沒有事物可以獨立存在。世界
萬物相互關聯。

疑問

疑問可以是有益的。沒有疑問，就沒有機會發現實相的本質。根據禪宗所示，大疑大悟。所以疑問可以是一件好事。如果你太過確定或總是深信不疑，那麼可能陷入錯誤的認知很長一段時間。

幸福觀

我們對幸福有一種觀念，相信只有特定條件才能讓我們快樂。然而，也往往是我們對幸福的觀念阻礙了我們的幸福。幸福的條件已經在那裡，在我們的內在和周圍。我們有眼睛可以看，腿可以行走，肺可以呼吸。生命的所有奇蹟都在當下此刻——陽光、清新的空氣、樹、圍繞我們各式各樣的色彩與形體。最重要的是保持覺察。只要睜開眼睛，我們就能看到。

看到心愛的人

我們都是錯誤認知的受害者。當我們愛上一個人,會對那個人充滿錯誤的認識。我們愛的是對方的影像,而非真實的人。一旦漸漸發現對方的現實不符合我們的印象,我們便會失望。我們需要回歸自己,深觀並慈悲地理解自己,接納自己的不足。只有當我們以理解和慈悲擁抱自己,我們才能接納,並以耐心、慈悲對待所愛之人。當我們學會如其所是地理解和接納對方時,才是修習真愛的開始。

讓愛鮮活

深觀彼此,能看到對方最深的關切與志向,也能看到對方的恐懼、痛苦和孤獨。當我們看到並瞭解自己和他人的痛苦,便生出理解和慈悲。這兩種能量具備療癒轉化的力量。這也是滋養愛的祕密。我們明白,沒有食糧,世間萬物無法存活。愛也是如此。不論我們的愛有多美好,也是無常的,所以我們要學習以理解和慈悲的能量滋養我們的愛。只有懂得如何深觀彼此、深觀自己,我們才能培養這兩種珍貴的能量。

身心一體

身體發生的一切也會發生在心裡。視身體為消費、欲望的對象，便沒有真正看到身體。我們應以最大的尊重對待自己和他人的身體。身與心一樣神聖。當我們觸碰他人的身體，也觸碰了他們的心與靈魂。

渴望與幸福的本質

我們的痛苦在很大程度上，取決於我們的認知與欲望。每當我們得不到自己想要的，便會痛苦。事實是，有時我們確實得到自己想要的，反而更痛苦。也許是因為它並非我們想像的那樣，沒有達到預期效果，或是它使我們生活中的其他事情更糟糕。有時，當我們得到自己認為需要的東西後，便不再珍惜，轉而希求別的。

人們往往認為幸福是擁有很多名聲、權力、財富和感官享樂。但我們知道，渴求這些東西會帶來很多痛苦。我們需要對幸福有很不一樣的理解。如果我們培養內在的和

平，明晰、慈悲和勇氣就會生起。我們應該深觀，以便看到我們執取的對象的本性。當我們清晰地認識到這一點，它將失去吸引力，而我們將重獲自由。

正念保護我們

當我們開車穿過城市，不論自願與否，我們都不斷在消費。廣告滲入我們的意識和孩子的意識，他們比我們更難過濾這些有毒的消費來源。在現代生活中，我們接觸到很多暴力或刺激的影像、聲音、電影、電視節目和文章，從而引起恐懼、絕望或渴求。沒有正念就沒有保護層，我們的所見所聞會侵襲我們並滲入我們的意識。正念讓我們有方法保護自己，覺知我們透過感官所消費的事物。

個人和集體意識

我們受思維方式的影響，並且在許多方面消費他人的觀點。個人意識來自於集體意識，集體意識則由個體意識構成。我們的意識塑造了我們的世界。

超越標籤地觀看

有時,人們有特定的觀念或看事物的方式——他們想把你放進框架裡。如果你不屬於其中的任何類別,會如何?重要的是現實,而不是我們用來描述的語詞。名字只是假立,並非現實本身。我們應該訓練自己超越標籤去看對方,從而看到彼此的真性。

接觸實相

藏識能直接連接現實、真如和事物的本來面目。我們每個人都蘊藏著直接觸及實相的基本智慧。然而,我們常常基於先前的經歷,生起執著或厭惡。我們根據藏識中已有的框架,對感知進行分類,將當下和過往的經歷比較,而我們似乎意識到這一點。我們用內在已有的色彩描繪新的信息。這就是為什麼多數時候,我們並未直接接觸實相——事物本身。

接觸事物本身

我們知道，迷戀一個人並不等於真正愛那個人。首先我們創造一個形象，然後愛上那個形象。我們愛的對象並非對象本身，而是心的建構、現實的感知，不是現實本身。不管我們看一座山、一顆星，還是其他人，都是如此。通常，我們面對的只是意象，生活於妄想中。但我們有能力觸碰實相。這需要一些訓練，因為我們有很多人已經失去了這個能力。好消息是，修習正念能讓我們恢復觸碰真如的能力，看到所愛的人的本來樣子。

五遍行

感知的主體與客體、觀者與被觀者之間的接
觸，會澆灌藏識中的種子並帶來某種反應。
觸是五種心行之一，心行即是心的狀態，稱
之為「遍」，因為它們一直在起作用，存在
於我們的意識之中。另外四種是受、作意
（注意）、想、思。它們共同形成了神經路
徑。例如，當眼睛發現像蛇一樣的東西，我
們會產生作意。將其認作蛇，我們可能會感
到害怕、想逃。這一切發生得太快，我們根
本沒有覺察到。

習氣

大腦有很多神經路徑，我們經常隨著這些路徑，對感知對象做出慣性反應。修習念定慧，我們可以介入觸與思之間的反應過程，開啟一條新的神經路徑來取代慣性的無意識反應。這條新路徑可以帶我們走上一條不同的道路，導向更多的理解與安樂。

新的神經路徑

假設你正在找甜食吃，但是你學習了正念，突然覺知到自己在做什麼，於是問自己：「我為什麼在找餅乾？我並不餓啊。」然後給自己時間呼吸。一次呼吸就能改變一切。你可能發現自己內在有擔憂、孤獨、懊惱，所以不由自主地去找東西吃，來掩蓋這種不愉快的感受。這已成為一種習慣，並在你的腦中創造了神經路徑，經常導致痛苦。將念定慧帶入感知的過程，你就能創造一條新的神經路徑，通往智慧和更多的快樂。

檢視感知

當別人說或做了讓你痛苦的事,你可能認為對方故意讓你受苦,然而事實也許並非如此。那個人也許是缺乏正念,或是前一天晚上沒有睡好。他的言行給你一種對你不友善的印象——或許真的如此,而這種想法也讓你想回以不友善的言辭。如果我們認為別人殘忍,往往會想說更殘忍的話來懲罰他們,以為這樣就能減輕痛苦。這是不明智的,但多數人會如此反應。所以我們應檢視自己的認知,也可以尋求對方的幫助。

無分別

我的右手具有無分別的智慧。它有一個名字叫「右手」，有五根手指。我的左手名字叫「左手」，也是五根手指。右手可以練習書法，請鐘，也寫了我所有的詩；除了一次沒有筆，於是我借了一台打字機，放入一個舊信封，用雙手打字。我的右手沒有優越感，從來不說：「親愛的左手，你不是很有用，那些詩都是我寫的。」右手不去分別，與左手和平共處，從不打架。左手也沒有自卑或平等的情結。它不去比較，一點也不痛苦。

錯誤認知的代價

我認識一位年輕人，他因為一個錯誤觀念遭受巨大的痛苦。他父親遠行回家，得知妻子懷有身孕，於是懷疑孩子的父親是某位鄰居，因為這個人在他離家時幫助妻子很多。他變得很冷淡，疏遠妻子，但妻子不知道緣由，非常痛苦。孩子在這種懷疑與錯誤認知的氛圍中長大。當他十二歲時，叔叔來探望，說孩子長得很像父親。直到那時，父親才接受他是自己的兒子。但這些年來，整個家庭已受到很大傷害，其程度還繼續顯現。

錯誤認知可能帶來高昂的代價。我們要學會在日常生活中更清晰地看待事物，盡量避

免錯誤的認知。我們應經常詢問對方自己的看法是否正確。上述的父親受困於自尊心，沒有勇氣問妻子。自尊在真愛中沒有位置。如果你懷疑某件事，可以問對方：「我很痛苦。請幫助我，讓我知道你為什麼那樣做或那樣說。」不要像這位父親，讓自己、所愛的人和許多人受苦。只需問：「你確定嗎？」你確定自己的感知嗎？敞開你當下的看法。如果你願意重新審視並探索自己的觀點，就能避免許多痛苦。

同與異

一切現象相關相連。然而,當我們想到一粒塵、一朵花或一個人時,心會將這些事物視作個別的現象。如果我們真正認識到微塵、花朵和人類相互關聯的本性,就會明白,沒有差異就沒有同一。一與異自由地相互滲入。一是異,異即一。

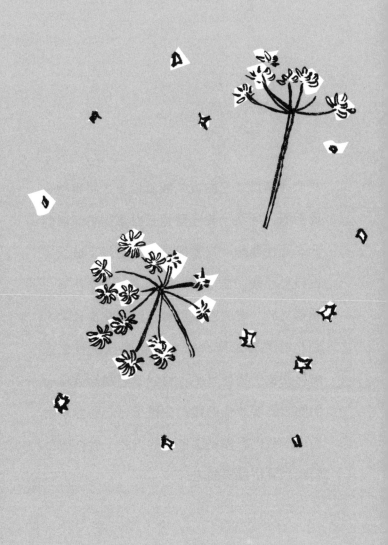

無分別智

我們通常以二元的方式觀看世界,將事物分成對錯、好壞。無分別智是對事物更深層的非二元性理解。這種觀看方式超越了概念。古典科學建立在這樣的信念之上:存在著一種獨立於心靈的客觀現實。然而在佛教中,心和心的對象同時顯現,我們無法將之分離。在量子物理學中,科學家們開始發現他們的心影響著他們觀察的粒子。心的對象由心造。我們感知周圍世界的方式,完全取決於我們看待世界的方式。

視而不見

只有當藝術家與樹建立關係，樹才會向其顯現自己。如果我們不是全然地活在當下、全然與自己連結，看著他人時無法真正看見他們，就像看著一棵樹卻未真正看到它。當我們與自己連結，就知道如何生活，讓世界的美好未來成為可能。如果我們看不到身邊有數百萬人正在受苦、謀生、愛著或死去，那麼「人類的未來可能嗎？」這樣的問題就毫無意義。只有當我們回歸自己、與自己連結，才能真正看到自己與他人，並與周圍的世界相連結。

對集體智慧的貢獻

念帶來定，定帶給我們說話與行動的智慧。念定幫助我們深觀現實的本質，達至無分別和相即的智慧。我們能給予世界最好的東西是我們的智慧。生活在念定中，就是讓智慧持續生起——為了自己的解脫、療癒和滋養，也為了世界的解脫、療癒和滋養。

心與世界合一

我們常常將內心世界與外在世界區隔開來，但這兩者並不是分開的，它們屬於相同的現實。內、外的觀念在日常生活中是有幫助的，卻可能阻礙我們體驗超越所有對立概念的究竟實相——內外、生死、有無。如果深觀我們的心，能同時深深地看到這個世界。理解世界，便理解了自己的心。神經科學稱之為心物合一。

沒有敵人

當我們成為不公義的受害者，我們要深觀讓我們受苦的人，以看到他們也是自身痛苦、妄想、憤怒和恐懼的受害者。我們還應深觀自己的信念、言行，是如何導致他人對我們的看法，以及他們的憤怒和恐懼。這樣的理解帶來轉化。我們看到對方不再是我們的敵人，而是需要幫助的人。當我們開始理解他們，我們的痛苦就減輕了。有時，即使一個微小的行為也能帶來偉大的結果。如果以仇恨和暴力來回應仇恨和暴力，那麼仇恨與暴力永遠不會終止。但有了慈悲和包容，我們就能結束這種惡性循環。

相同現實的不同感知

我們的每段生活經歷都會成為藏識中的種子。從這些種子中,偏見可以發展成為我們感知的基礎。人們甚至會因為對相同現實的不同感知而自相殘殺。當我們認知有誤並堅持己見,就是繼續傷害自己與他人。

現實的整體性

我們區分花、葉和它們賴以生存的樹，但實際上它們是一個整體。人與自然也是如此。在中國水墨畫中，自然總有很大的空間，而人是自然的一部分。人類有許多傳統，鼓勵我們將現實視為整體，而不是切割成獨立分別的實體。

擁抱彼此

越戰期間，每個人都是不明智政策的受害者。我們在苦難中相互譴責，將彼此視為敵人。但事實上，我們都是不明智、不清明的政府的受害者，南越人、北越人都是如此。如果能看到這一點，我們就不會那麼憤怒，而是能擁抱每一個人。北越人和南越人、越南人和美國人，都能相互擁抱。我們的敵人不是人，而是無法看清現實。我們的無明、看不到真實情況的昏暗的心，導致了錯誤的認知，從而引發一場不理智的戰爭，相互殘殺，給每個人造成無法言表的痛苦。

和平的心

恐怖主義行為來自錯誤的觀念，這些觀念滋生了恐懼、憤怒和仇恨。恐怖主義不能用槍枝彈藥摧毀，因為它存在於人的心中。根除恐怖應從審視我們自己的心開始。透過靜心，以及深觀自己而生起的智慧，我們看到恐怖主義的根源。藉由智慧慈悲的溝通，恐怖主義可以根除，轉化成愛。我們當前處理恐怖主義的方式，正使我們走上一條增加懷疑與恐懼的危險道路。是停下來的時候了。讓我們停下，轉而尋求真正的力量和安全。伸出雙手，對那些威嚇我們的人說：「你一定很痛苦。你一定對我們充滿仇恨與憤怒，

才會做出這樣的事情。你企圖摧毀我們，給我們帶來這麼多的苦難。是怎樣的誤解讓你採取這樣的行動？」我們無法逃避與世界上的其他人、其他民族相互依存。讓我們深觀，找到解脫之道。我們可以用信任、友誼、愛的目光再次注視彼此。

存在之流

以慈悲之眼觀看，你會看到自己內在所有的
祖先，還有他們的力量和弱點，你會尊重你
的身體和意識。只要你陷入「身體是你，心
是你」的觀念，你就看輕了自己。所有祖先
都在你之內，連同他們的長處和短處，以及
他們所有信仰和經歷的總和。當你擺脫了自
我的觀念，就能看到作為持續存在之流的自
己和身心，都延續著你內在的祖先，包括最
傑出、慈悲的先賢，然後你會開始尊重自己
的身心。尊重他人也不再是難事。

去除錯誤知見

有人認為耶穌、聖雄甘地和馬丁‧路德‧金博士是危險人物。這源自於引起恐懼與憤怒的錯誤認知。當人們充滿誤解和恐懼時，就會做出暴力的行為。像耶穌、甘地和金博士這樣偉大的精神領袖，在死去時並不憤怒。他們甚至對殺害自己的人滿懷慈悲，因為他們瞭解對方的行為源於錯誤認知、憤怒和恐懼。我們的世界需要慈悲和理解，修習正念是帶來更多理解和慈悲的關鍵。深觀讓我們去除邪見，而後生起理解和慈悲。

療癒心中的創傷

不論兩個人、兩個群體，還是國與國之間發生衝突，我們都應該停下來，質疑自己的看法。練習良好的溝通、愛語和悉心聆聽，能幫助彼此消除錯誤的觀念，讓大家不再害怕與憤怒。我們可以做到這些，以停止戰爭，防止恐怖主義，結束暴力，創造和平。我們無法用槍枝彈藥阻止恐怖主義，這只會催生更多恐怖分子，使之更強大。我們每個人都有理解和慈悲的種子。接觸美善的種子，我們幫助它們每天成長。有了理解和慈悲，你就能治癒自己內在和世界的創傷。

愛是療癒的甘露

愛讓我們看到那些沒有愛就無法看見的東西。慈悲之眼也是理解之眼。慈悲是甘露，從理解之泉湧出。修習深觀是治癒憤怒、仇恨和恐懼的根本良藥。

創造更好的環境

深觀一個人，會看到構成這個人的元素比我們平常看到的還多，包括他的父母、祖先、教育、社會和文化。如果沒有看到所有這些元素，就不算完全看到那個人。如果一個人有負面行為的傾向，這並不意味他們喜歡這麼行事，他們可能是傳承的受害者。這些負面的種子可能由他們的父母、文化和社會傳給他們。意識到這些，我們就不會評判他們，反而受到鼓舞去改變環境、教育和文化，使下一代不再是同樣傳承的受害者。

我們所有的祖先

我們都知道自己有祖先，但我們的祖先不僅僅是人類，還有動物祖先、植物祖先和礦物祖先。我們的人類祖先還很年輕，直到生命史的晚期才出現在地球上。動物祖先仍在我們之內，爬行動物、魚類和猿類也還在我們之內。牠們不僅過去是我們的一部分，當下依然如此。深觀我們的細胞，我們看到自己就是整個生命史。

生命之流

觀察你的身體，你會發現你不是獨立的自我，與其他一切隔絕，而是一條不斷流動的河流──生命之流本身，含納萬物。身體可以告訴你關於宇宙、無限空間和無盡時間的一切。你會看到，這也是那，當下就是永恆，包含了過去和未來。每一刻都能碰觸永恆。太陽和月亮，所有的繁星和黑洞，都可以安住於砂礫中。

究竟實相

我們看到的有無、生滅都是心的建構。當我們以念定看一朵雲，就觸及了雲無生無滅的本質。我們看到雲的本來面貌，不再是心的建構。究竟實相不受心的建構與生滅、有無、來去、同異所有這些概念的束縛。

沒有失去

以無相之眼觀看，能幫助你超越人的形相。
若能以無相之眼看他或她，當對方不在時，
你就不會悲傷，因為即使形相不在，你所愛
的人仍在某處。沒有失去什麼。沒有此相，
有他相。沒有雲，有雨。沒有雨，有茶。你
的身體、你的存在、你的意識占據了所有時
空。從這個意義上說，沒有死前或死後。培
養了足夠的念定能量，我們就能擁有這樣的
覺知，超越生死的觀念。

看到自然的智慧

當我們深觀一株青草，會發現它不只是物質，而是有著自己的智慧。一粒種子知道如何長成有葉子、花朵和果實的樹。松樹不只是物質，它有智慧。塵埃中的每個原子都有智慧，都是活潑潑的實相。就像我們身體的每個細胞，萬物都有自己與生俱來的智慧。大地母親創造、滋養、維持了生命，有著無窮的智慧。

愛護環境

通常我們會分別人類與非人類，認為我們比其他物種重要。然而，人類完全由非人類的元素組成，如植物、礦物、土地、雲朵和陽光。當我們看到人類的無自性，便會發現愛護環境（非人類的元素）就是愛護人類。只有當我們顧及生態系統，我們的修習才是深刻而真實的。如果環境遭到破壞，人類也會被摧毀。照顧好人類，使他們真正健康快樂的最好方式就是照顧環境。如果不保護動物、植物、礦物的生命，以及岩石、土壤、河流和海洋，就不可能保護人類的生命。

橘子禪

下次吃橘子之類的零食時,請將它放於手掌上,用一種讓橘子變真實的方式看著它。這不需要很久,幾秒鐘就好。看著它,你能看到一棵美麗的樹、一朵花、陽光、雨和正在長成的小果實。你會看到陽光、雨水的延續,幼果轉化為成熟的橘子。你會看到顏色由綠轉成橘紅,橘子正在成熟變甜。這樣看橘子,你會發現宇宙的一切都在其中。剝開橘子,聞一聞,品嘗著,你可以很快樂,也品嘗到陽光的甜蜜。

覺知食物

進食之前,可以先看看桌上的菜餚,吸氣、呼氣,看看食物是否對我們有益,吃下去是傷害,還是有助於培養慈悲心。我們每個人都可以看看是否瞭解自己最深的渴望。這種渴望是否健康?給我們帶來痛苦還是快樂?我們最深的志向,是滋養我們意識和生命的食糧。深觀食物是如何種植的,才能以保護集體福祉的方式進食,將我們與其他物種的痛苦減至最小,讓地球成為所有存在的生命之源。

真正看到

深觀的修習幫助我們和周圍的人意識到，我們擁有一個需要我們保護的美麗星球，所以覺醒很重要。如果我們每天在正念中生活，正念行走，充滿愛與關懷，我們就創造了奇蹟，將世界轉化為一個美好的所在。我們每個人內在都有覺醒的種子，因而充滿希望。我們所做的一切應該旨在實現集體的覺醒。

深觀的練習

1. 禪修的滋養

禪修的基本練習是覺知呼吸。有意識的呼吸是身心之間的橋梁。透過專注於呼吸，我們將心帶回身體，從而真正地存在、真正活著。修習正念呼吸，給身心帶來平靜、安詳。當身心平和，我們就能看得更清晰，接觸到內在和周圍的奇蹟，被禪悅滋養。

2. 靜坐

找一個安靜的地方，舒服地坐在墊子或椅子上，保持背部挺直而不僵硬。將覺知帶向身體。輕柔地微笑，幫助放鬆臉部、肩膀和全身的肌肉。將覺知帶到呼吸。感受腹部在一呼一吸中輕柔地起伏。如果走神，再次將覺知帶到呼吸上。這裡有一些你可以練習的指引。第一行隨著吸氣，第二行隨著呼氣。

吸氣，我知道我在吸氣。
呼氣，我知道我在呼氣。

吸氣，我一直跟隨自己的吸氣。
呼氣，我一直跟隨自己的呼氣。

吸氣，我的氣息變深了。
呼氣，我的氣息變慢了。

吸氣，我放鬆全身。
呼氣，我對身體的每個細胞微笑。

3. 釋放緊張，帶來清明

當我們懂得如何釋放身體的緊張和疼痛，就
能清晰地觀看與行動。正念呼吸讓身心合
一，安住於此時此地，從而更自在地處理生
活中的情況。正念呼吸可以帶來安樂。一次
呼吸就能識別並釋放內在的緊張。

吸氣，我覺知全身。
呼氣，我釋放身體的所有緊張。

吸氣，我覺知自己的心。
呼氣，我平靜自己的心。

4. 恢復平靜

當心被強烈的情緒擾亂，就不再清醒平靜，認知也因此扭曲。當心安定如寧靜的湖面，就能如其所是地映照事物。

　　吸氣，我知道我在吸氣。
　　呼氣，我知道我在呼氣。

　　吸氣，我平靜自己的身體。
　　呼氣，我平靜自己的心。

　　吸氣，我將自己視作靜水。
　　呼氣，我如其所是地映照。

5. 生活中的正念

正念是轉化和療癒的重要因素。正念始終是
做某件事時維持正念。我們可以對自己的呼
吸、腳步、思想和行為保持正念。正念要求
我們將所有注意力集中於正在做的任何事
情，不論是走路還是呼吸，刷牙還是吃零
食。當我們專注於呼吸和腳步，就能更清晰
地看到周圍大地的美麗。我們可以帶著覺知
和感恩呼吸並邁出每一步。

6.行禪

正念呼吸和正念行走可以帶來很多快樂。放鬆、安詳地行走也能療癒身心。讓呼吸和腳步滋養你。當你走路時,知道自己在走路。不去想著要抵達哪裡。知道自己將雙腳踏在大地上。如果懊惱升起,只需識別它,說:「嗨,我的懊惱,我知道你在那裡。」說「你好」和「再見」,然後回到自己的腳步。無論我們在哪裡,都可以練習行禪。我們每天有許多次從一個房間走到另一個房間,從車子走到辦公室,從公車站走回家。每一次都是用行禪停下來、放鬆、保持平靜的機會。每一步都可以滋養、療癒,帶來洞見。

7. 以慈悲的眼光觀看

學會以慈悲之眼看他人是一項非常奇妙的
練習。你不再受苦，看待他人的方式也讓他
們感覺更好。每天都可以慶祝全新的二十四
小時，發願以慈眼視眾生。

　醒來我微笑，全新的一天。
　活在正念中，慈眼視眾生。

8. 真理存在於生活中

在我們的社群，我們的生活遵循一些準則，幫助我們快樂地生活，與自己、彼此和地球和諧共處。它們是幫助我們覺察自己言行的影響的訓練。我們規律讀誦這些準則，加深理解並生起智慧，這樣我們就懂得做或不做什麼來增加快樂和減少自己與世界的痛苦。它們並非規則或戒條，而是從直接觀察「苦」及「苦因」而產生的洞見。前三項訓練關乎心與我們觀看的方式。它們排在首位是因為心是一切的根源，包括我們的思想、認知、語言和行為。

開放的態度

第一項正念修習

覺知到盲信和缺乏包容所造成的痛苦，我們決意不盲目崇拜或受限於任何觀念、理論和學說，即使是佛教的義理。我們視佛陀的教導為修習指引，幫助我們培養智慧和慈悲，而不是以爭鬥、殺戮或犧牲自己來捍衛的教義。我們明白，種種盲目的信念源於二元思想及分別心。我們將學習以開放的態度和相即的智慧觀看萬物，藉以轉化內心和世界上的暴力、獨斷和教條主義。

放下執著

第二項正念修習

覺知到由執著見解和錯誤認知所造成的痛苦，我們決意放下固執和狹隘的想法，以開放的態度接受他人的見解和經驗，從集體智慧中受益。我們知道自己現有的知識並非不變的絕對真理。智慧也不是來自於累積知識，而是透過修習觀照和慈悲聆聽、放下所有概念而獲得。真理就在生活之中，我們願意一生修學，時刻觀照自己和周圍的生命。

思想自由

第三項正念修習

覺知到將自己的想法強加於人所造成的痛苦，我們承諾不以任何方式 —— 不論是權力、金錢、威脅、宣傳鼓吹或教條灌輸，強迫他人追隨我們的觀點，包括子女。我們決意尊重他人的不同之處、選擇及思想自由。然而，我們也會學習以愛語和慈悲的對話，幫助他人放下並轉化盲信和狹隘的思想。

【跟一行禪師過日常】系列

《怎麼坐》（*How to Sit*）

《怎麼吃》（*How to Eat*）

《怎麼愛》（*How to Love*）

《怎麼走》（*How to Walk*）

《怎麼鬆》（*How to Ralax*）

《怎麼吵》（*How to Fight*）

《怎麼看》（*How to See*）

相關書籍

《自在》（*Be Free Where You Are*）

《當下自在》（*Being Peace*）

《幸福》（*Happiness*）

《互即互入》（*Interbeing*）

《步步幸福：快樂行禪指引》（*The Long Road Turns to Joy*）

《回到家，我看見真心：讓家成為修行的空間》（*Making Space*）

《正念急救箱》（*The Mindfulness Survival Kit*）

《沒有淤泥，哪有蓮花》（*No Mud, No Lotus*）

《和好：療癒你的內在小孩》（*Reconciliation*）

《觀照的奇蹟》（*The Sun My Heart*）

《體味和平》（*Touching Peace*）

《心如一畝田：唯識 50 頌》（*Understanding Our Mind*）

國家圖書館出版品預行編目資料

怎麼看 / 一行禪師（Thich Nhat Hanh）著 ; 張怡沁譯. -- 初版.
-- 臺北市 : 大塊文化, 2019.11
128面 ; 12×18公分. --（Smile ; 164）（跟一行禪師過日常）
譯自 : How to see
ISBN 978-986-5406-21-9（平裝）

1. 佛教修持 2. 生活指導

225.87   108016606